ISBN 978-1-326 – 94727 - 9

www.lulu.com

DA L'AQUILA AD ACQUILIA SOLA ANDATA

UN VIAGGIO TRA REALTA' E FANTASIA

di

Cristian Damiani

A M. Blanche e la Small

INDICE

PREFAZIONE

Questa è la storia di *tre viaggi* attraverso sempre lo stesso territorio.

Un racconto in bilico tra *realtà e fantasia*, dove fotografie e pensieri si intrecciano, dove immaginazione e storia si incontrano, dove sognare è ancora possibile.

Si narra di un territorio che ha visto compiersi in pochi attimi il proprio destino, nomen omen dicevano gli antichi latini, un nome un destino, e dopo tanti secoli tutto si ripete.

I *luoghi* si piegano nuovamente davanti al potere.

Tutto si distrugge, tutto si cancella e tutto si ricostruisce.

Così si parte alla ricerca di quell'*identità* violata che nessuno più conosce.

Questo sarà un viaggio *ai confini della realtà*, dove la leggenda diventa storia, dove il mito diventa verità, dove l'invisibile diventa visibile.

Ma solo gli occhi di coloro che credono ancora al *potere della fantasia* potranno vedere tutto questo.

Cristian Damiani

CAPITOLO I

SISMA AFFAIR

«Ti abbiamo intossicata, sconquassata, rosicchiata, castrata, non per il bene nostro che dal tuo non può separarsi, ma per l'avidità di pochi gufi dal gozzo pieno»

Andrea Zanzotto

LA CITTA' EFFIMERA

A poche ore dal terremoto abruzzese il Governo nazionale prefigurò la più drastica delle soluzioni: la costruzione di una new town, poi trasformata in vari nuovi insediamenti tramite il *Progetto C.A.S.E.* (Complessi antisismici sostenibili ed ecocompatibili).

La totale assenza di pianificazione urbanistica ha portato alla localizzazione dei complessi in aree rurali distanti in media una decina di km dal centro storico, con il risultato di *svuotare* ulteriormente la città di abitanti e funzioni, rendere difficili gli spostamenti, consumare territorio in maniera irreversibile.

I nuovi insediamenti, definiti non temporanei ma "durevoli", sono sorti in luoghi che non sarebbero mai stati individuati da strumenti urbanistici ordinari: si è così creata una "non-città", dispersa su oltre 50 kmq e priva di infrastrutture e servizi adeguati.

Vista aerea di una delle 19 *New Towns* distribuite sul territorio della città dell'Aquila. Queste piccole *città effimere*, realizzate nei primi mesi dopo il sisma, hanno generato successivamente una grande confusione urbanistica, facendo andare letteralmente in tilt la pianificazione dell'intera città.

Il progetto C.A.S.E. non è stato l'unico intervento progettato e deciso direttamente dal Governo. Sull'onda emotiva del tutto e subito, si è disseminata la città di innumerevoli costruzioni *temporanee e provvisorie*, sia ad uso culturale che scolastico che ricreativo, ma a distanza di otto anni dal sisma non si vedono ancora delle alternative concrete per la loro rimozione.

L'immagine panoramica mostra un vasto complesso *M.U.S.P.* (Moduli ad Uso Scolastico Provvisorio).

E' imbarazzante pensare che interventi del genere siano da considerarsi semplicemente come "temporanei e provvisori" a fronte dell'astronomico costo economico sostenuto per realizzarli in tempi brevi e perfettamente sicuri dal punto di vista sismico.

Moduli scolastici di istruzione primaria inseriti nella desolata e vuota periferia ovest della città.

Moduli "provvisori e temporanei" adibiti ad uso culturale e sportivo, la loro architettura risulta essere facilmente riconoscibile nel paesaggio.

Un complesso scolastico M.U.S.P. di istruzione superiore.

Il senso di precarietà e di effimero che queste costruzioni temporanee riescono a trasmettere alla comunità aquilana è talmente forte da generare in loro una sorta di *angosciosa ossessione* che si manifesta in una costante, incessante inquietudine per il futuro. Purtroppo questa spasmodica attesa nella "vera e definitiva" ricostruzione non fa che alimentare una continua *ansia edificatrice*. In questo clima irreale, dove tutto è permesso e concesso in nome della *ricostruzione*, scempi edilizi ed urbanistici prendono forma velocemente nella vasta ed incontrollata periferia della città, tra un misto di impotenza e di indifferenza.

L'ESPLOSIONE DELLA SUPERNOVA

La città di L'Aquila dopo il sisma del 2009 è letteralmente esplosa, disseminando frammenti di sè stessa su tutto il suo *sterminato territorio urbanizzato*, che si estende ormai senza soluzione di continuità da Est a Ovest per oltre 30 km, a fronte di una popolazione residente che non arriva a contare 70.000 unità.

Il *centro storico* della città, racchiuso e protetto all'interno delle sue mura medievali, risulta essere ancora chiaramente riconoscibile grazie al suo tessuto edilizio compatto.

Nonostante sia uno dei più estesi d'Italia, oggi la città vecchia di L'Aquila non rappresenta che una piccola porzione di quella sterminata e deserta periferia urbana che la circonda interamente.

I risultati oggettivi di questa *urbanizzazione diffusa*, avvenuta in tempi molto rapidi e senza una adeguata pianificazione territoriale, sono evidenziati chiaramente nelle successive immagini fotografiche.

Attraversando questo vasto e vacuo territorio che si estende dalla frazione di S. Gregorio ad est a quella di Sassa ad ovest, si assiste ad un *continuo caos visivo* fatto di grigi capannoni industriali, schiere di villette residenziali dai colori sgargianti, campi incolti ed abbandonati, grandi condomini ricostruiti ed ancora disabitati, anonimi scatoloni commerciali e soprattutto tanti nuovi cantieri che sorgono in ogni dove.

Il nulla continua ad avanzare indisturbato, anche grazie all'alibi della ricostruzione, e così un *paesaggio naturale* che fino a pochi anni fa si poteva considerare ancora vergine, si trasforma in una di quelle tante informi, anonime e deserte periferie che possiamo facilmente ritrovare all'interno delle grandi conurbazioni che appestano la fascia costiera adriatica. In questa epoca fatta di grandi cambiamenti ma anche di grandi incertezze, ci si dimentica troppo in fretta del *senso dei luoghi*, di ciò che rappresentavano, di ciò che significavano, e così che l'identità di un luogo svanisce e la cultura di una comunità si disperde.

Periferia ovest della città di L'Aquila, dove tra i tristi capannoni commerciali si insinuano ampie porzioni di terreno incolto ed abbandonato all'incuria, *tracce residuali* di un paesaggio naturale che scompare inesorabilmente giorno dopo giorno.

Periferia est, un viadotto stradale appena realizzato si perde nei campi. La pianificazione della rete infrastrutturale fino a circa dieci anni fa non rappresentava un problema cogente per la città, visto che la vita sociale e lavorativa si concentrava quasi interamente all'interno del proprio centro storico che, è bene sottolineare, rappresenta meno dello 0,5% dell'intero territorio comunale.

Casette "temporanee" e ville "non temporanee" disseminate in aperta campagna, realizzate subito dopo il sisma. Questo fenomeno di *autoedificazione diffusa*, alimentato dalla paura per il terremoto e dall'incertezza per il futuro, avrà delle ripercussioni non solo sull'ambiente naturale, ma anche sull'economia cittadina che ne risentirà pesantemente nei prossimi anni. Infatti la gestione e la manutenzione della rete infrastrutturale e dei servizi pubblici avrà un costo sempre più insostenibile per un comune che conta attualmente meno di 70.000 abitanti, ma che si estende ormai su un'area urbana grande come quella di Milano.

Esempi emblematici di alcuni grandi complessi residenziali.

Il *fuori scala e l'egocentrismo* sono spesso la costante di queste architetture che esulano totalmente dal contesto paesaggistico in cui sono immerse.

Immagine fotografica della frazione di S. Elia in località Colleverenesco, boschi autoctoni di latifoglie cedono il posto a nuove lottizzazioni.

Lo splendido *paesaggio montano* all'interno del quale sorge la città di L'Aquila viene sempre più seriamente compromesso dal furore edilizio della ricostruzione privata.

L'ambiente naturale ancora presente in larga parte all'interno delle aree urbane in espansione, viene considerato alla stregua di un'inutile e scomodo elemento residuale interposto tra una proprietà privata e l'altra.

La mancanza di sensibilità nei confronti del paesaggio e dell'orografia è una costante talmente ricorrente in questi interventi di ricostruzione da dover riconoscere che la *lezione del paesaggismo* è ancora lontana dall'essere recepita e tanto meno dall'essere applicata in questo nostro Belpaese.

La *frenesia edificatrice* non si è ancora placata e non sembra avere intenzione di farlo per il momento. Immagini dei tanti cantieri che ancora si incontrano nella periferia della città, alcuni dei quali non ricostruiscono nulla, se non qualcosa che non esisteva prima.

Giunti a questo punto del *viaggio*, occorre precisare che tutte le immagini fotografiche qui presenti si riferiscono sempre e solo alla realtà della periferia urbana della città di L'Aquila. Non a caso il centro storico non è stato preso in considerazione in questa *narrazione territoriale*, in quanto esso, viste le sue modeste dimensioni rispetto al contesto urbano circostante, non influisce in alcun modo sulla crescita caotica e smisurata della città.

CAPITOLO II
EDILIZIA MON AMOUR

"Quello è l'oro oggi. E chi te lo dà? Il commercio? L'industria? L'avvenire industriale del Mezzogiorno, sì! Ti fanno venire l'infarto cu sti' cose."

Dal film "Mani sulla Citta" di Francesco Rosi (1963)

LA RICOSTRUZIONE AL CUBO[3]

Alla prima *ricostruzione emergenziale* gestita direttamente dal Governo, si affianca ben presto una autonoma *ricostruzione privata* operata questa volta dai cittadini e dai costruttori locali.

Entrambi preoccupati dei tempi lunghi della burocrazia ordinaria, a cui è demandato l'onere della *ricostruzione definitiva*, si affrettano a realizzare nuovi edifici sia di tipo temporaneo che duraturo.

In questo modo si realizza una *tripla ricostruzione* edilizia del patrimonio abitativo esistente.

Gli effetti negativi di questo *surplus abitativo* si riscontrano sia sul territorio, in termini di consumo di suolo ingiustificato, sia sull'economia del mercato immobiliare, che non riesce a smaltire i nuovi appartamenti ai prezzi iniziali che erano stati prefigurati.

Un' immagine aerea della prima periferia aquilana, mostra il quartiere Torrione oggi restituito alla popolazione dopo i lavori di *ricostruzione definitiva* post sisma.

Palazzine residenziali del quartiere Torrione appena ricostruite e riconsegnate ai proprietari, altre in fase di riparazione ed infine dei blocchi che devono essere ancora demoliti e ricostruiti.

Ancora poche famiglie sono rientrate in questi nuovi appartamenti, e così il quartiere, già alle prime luci della sera, si va lentamente popolando di lunghe ombre e profondi silenzi, in un'atmosfera stranamente rarefatta e sinistra.

Un nuovo insediamento residenziale nella prima periferia est della città dell'Aquila in località S. Elia. Nuovi edifici privati si vanno ad aggiungere alle abitazioni esistenti danneggiate dal sisma ed ora ricostruite.

Grandi condomini ricostruiti ex novo secondo la logica imperante del *come era dov'era*, senza tenere in debita considerazione che forse quei palazzi, così chiaramente *fuori scala e fuori luogo*, non sarebbero dovuti sorgere lì neppure prima del sisma. Un'altra occasione persa per rimediare ai danni del passato.

L'AQUILA FOR SALE

Un'immagine che fotografa anche troppo chiaramente la situazione nella quale versa la città di L'Aquila dopo sette anni di ricostruzione "matta e disperatissima".

Alcuni esempi delle tante *abitazioni ancora vuote*, riparate e/o ricostruite, che aspettano pazientemente di essere vendute o affittate al miglior prezzo.

La realizzazione di nuovi edifici residenziali e/o commerciali va a braccetto con la ricostruzione degli edifici danneggiati dal sisma, il loro connubio ha dato vita a questa *schizofrenia edificatrice* che ormai imperversa in tutta la città.

In un momento storico in cui la tecnologia, l'immaterialità e l'ambiente vanno assumendo sempre più preminenza nelle politiche di sviluppo locale, se si osserva quanto fatto fin ora, parrebbe che l'economia di questo territorio resti ancora fortemente legata alla anacronistica *rendita immobiliare*.

Il *numero di abitazioni* ad uso residenziale che si possono ritrovare su tutto il territorio comunale, supera di gran lunga le reali necessità di *riallocazione* della popolazione residente, che come si è detto in precedenza non arriva a contare 70.000 abitanti.

Questa grande disponibilità di unità immobiliari, se in futuro venisse in qualche modo soddisfatta, farebbe di L'Aquila sicuramente la città più popolosa della regione.

Una tale eventuale possibilità se dovesse mai realizzarsi, porterebbe sicuramente al collasso la già fragile impalcatura urbana di questo territorio, che oltremodo fatica enormemente a trovare una sua vocazione economica.

Dopo aver attraversato L'Aquila così come appare oggi, inizia ora un nuovo viaggio per andare alla *ricerca dell'identità perduta* di questi luoghi, partendo da quelle poche tracce residuali che ancora permangono in queste terre.

CAPITOLO III

ALLA RICERCA
DELL'IDENTITA' PERDUTA

"Arrivando a ogni nuova città il viaggiatore ritrova un suo passato che non sapeva più d'avere: l'estraneità di ciò che non sei più o non possiedi più t'aspetta al varco nei luoghi estranei e non posseduti."

Italo Calvino, Le città invisibili

SEGNALI DAL TERRITORIO

Territorio ancora non urbanizzato in località S. Gregorio, estrema periferia est della città. L'immagine mostra un *filare di pioppi* di natura antropica che segnala *antiche delimitazioni* di campi coltivati.

Un fosso, segnalato da vegetazione igrofila residuale, composta da arbusti e pioppi, delimita visivamente un campo coltivato a seminativo.

Tipico paesaggio boschivo che caratterizzava la *conca aquilana* fino a pochi anni fa. La vicinanza al fiume Aterno è segnalata dalla presenza sulla sinistra di *vegetazione di sponda.*

Il fiume Aterno è segnalato dalla *lunga filare di pioppi* che delimitano i margini dei campi coltivati a seminativo. Sullo sfondo il complesso dell'Ospedale Civile della città posto su una piccola altura che lo pone al riparo dalle acque.

L'immagine mostra quanto forte possa essere il *segno territoriale* che un semplice *argine naturale* è in grado di generare, quando quest'ultimo viene estrapolato dal suo contesto urbano. La presenza dell'argine è segnalato anche dalla retrostante vegetazione igrofila che lo punteggia per tutta la sua lunghezza. Da queste semplici constatazioni si può dedurre che il territorio ospita sicuramente uno o più corsi d'acqua.

Fotografia che evidenzia la presenza di un altro argine naturale.

Antico argine artificiale dotato di chiusa per permettere la regolazione delle acque in caso di necessità, sito in località Pile nei pressi della stazione ferroviaria di L'Aquila.

La *presenza dell'acqua* sul territorio è sempre più evidente, questi primi indizi non fanno che confermarlo. Antichi argini artificiali, chiuse, vegetazione igrofila e di sponda, argini naturali, sono tutti elementi che raccontano vecchie storie in cui l'acqua era sicuramente la protagonista. *Attraversando* la città oggi in automobile, tutti questi segnali che il territorio ci comunica non sono facilmente riconoscibili e percepibili, quindi si stenta a credere che questa possa essere una terra ricca di acqua.

INDIZI TOPONOMASTICI

Il fiume *Aterno* che attraversa longitudinalmente tutta la conca aquilana caratterizzandola nel paesaggio e nel clima, non gode di grande popolarità in città, visto che nella toponomastica locale l'unica via che gli è stata dedicata è una semplice *strada vicinale* in località Pile.

Anche il torrente *Vetoio*, che con le sue sorgenti perenni forma un lago di eccezionale bellezza paesaggistica, non se la passa meglio in fatto di notorietà, infatti conta all'attivo una sola anonima e nascosta stradina.

Da queste due semplici considerazioni si può dedurre come la città di L'Aquila non abbia uno stretto legame con le sue acque, nonostante queste siano praticamente rinvenibili dappertutto, come si vedrà meglio .in seguito.

Il *lago del Vetoio*, invece, ha suscitato più interesse in città, infatti è stato quasi del tutto monopolizzato da una country house e da un'associazione di pesca sportiva. La mancanza di informazione unita al divieto di pubblica fruizione, fa sì che questo luogo continui ad essere sconosciuto alla maggior parte della popolazione residente.

Le purissime acque delle *sorgenti del fiume Vera* caratterizzano il territorio della frazione di Tempera, anticamente detta *Intervera*, alla periferia Est della città di L'Aquila. Questo antico fiume dalle acque perenni non viene mai indicato nella toponomastica locale tranne che in prossimità delle sue stesse sorgenti.

Indizi toponomastici sparsi sul territorio ci raccontano come in un tempo non molto lontano, la *presenza dell'acqua* in questi luoghi era molto più sentita di oggi.

Mulini, cartiere, chiuse, argini, canali, dovunque continuano a permanere, pur tra mille difficoltà, i segni e le testimonianze di una *identità culturale* che non vuole scomparire.

Non è difficile credere che fino a pochi decenni fa *l'acqua* in questi luoghi rappresentava per molte persone una risorsa naturale primaria che aveva un'inestimabile valore economico e sociale e che ne faceva perciò un patrimonio collettivo da preservare e tramandare gelosamente.

LE ACQUE DIMENTICATE

Fotografia del fiume Aterno nei pressi del centro di depurazione est.

Le immagini successive evidenziano chiaramente come l'Aterno sia oggi un *fiume dimenticato*, quasi invisibile, che si tiene in disparte, timidamente nascosto, quasi vergognandosi della sua misera condizione.

Scorre solitario, attraversando luoghi che oggi sono lontani dagli interessi delle persone, ma in un passato recente erano vicini alle loro vite.

Le sue sponde abbandonate all'incuria ed all'abbandono, i suoi argini occupati da montagne di materiale edile accatastato, il suo letto profanato e ridotto ad essere un miserabile rigagnolo, ed infine la sua stessa città, L'Aquila, che lo guarda dall'alto dei suoi nuovi quartieri appena ricostruiti, senza riconoscerlo, persa com'è tra i suoi mille pensieri.

Il *fiume Raio* alla periferia ovest della città in località Campo di Pile.

Un altro corso d'acqua che insieme al Vetoio ed all'Aterno forma una prima parte del sistema fluviale idrico di L'Aquila. Il suo *flusso* non è continuo e costante in quanto le sue acque non sono di natura sorgentizia come il Vetoio.

Il *fiume Raiale* alla periferia est della città nella frazione di Paganica. Insieme al Vera ed all'Aterno forma la seconda parte del sistema idrico della città di L'Aquila. Come il Raio non ha un flusso idrico continuo e costante, ma le sue acque dipendono molto dalle precipitazioni atmosferiche e dallo scioglimento delle nevi del vicino Gran Sasso.

Il torrente Vetoio, lo *zaffiro blu* della città, scorre intubato e tombato per lunghi tratti del suo già breve tragitto, come un miserabile ed anonimo canale di scolo. Le sue *sorgenti preziose* hanno dato vita ad un lago artificiale creato secoli addietro per alimentare una grande cartiera che oggi è divenuta una prestigiosa struttura ristorativa e ricettiva turistica.

Ma la sua *meravigliosa acqua blu*, purissima e cristallina, può essere vista ed apprezzata solo da coloro che decidono, per pochi istanti, di abbandonare i frenetici ritmi della città moderna, ovvero di scendere dalla propria automobile e di guardare oltre il freddo adiacente guardrail.

Per tutti gli altri il Vetoio molto semplicemente non esiste.

Il fiume Vera, il *diamante pazzo* della città, scorre impetuoso attraverso il borgo di Tempera.

Le sue acque spumeggianti ed esuberanti quasi sembrano voler tracimare da un momento all'altro gli argini dei numerosi canali che caratterizzano questo luogo.

Una delle tante chiuse presenti nei dintorni che raccontano la storia di un territorio che ha saputo nel corso dei secoli domare ed imbrigliare le sue abbondanti acque per meglio asservirle ai suoi scopi.

Il fiume Vera dalle *acque gelide e cristalline* oltre a disegnare con i suoi canali la conformazione della frazione di Tempera, ha anche dato i natali a questi luoghi, che anticamente andavano sotto il nome di Intervera.

Una volta lasciato il suo feudo, il fiume si perde nell'anonimato più assoluto tra le campagne circostanti prima di confluire nell'Aterno in un punto imprecisato.

Sorgenti perenni, dalle acque limpide e pulite, sgorgano e scorrono placidamente a due passi dall'enorme ed ormai deserto parcheggio del decadente Polo Tecnologico in località Pile, nei pressi degli uffici del Settore Ricostruzione Pubblica del Comune di L'Aquila. Questi lembi di *paesaggio igrofilo* che un tempo caratterizzavano l'intero territorio circostante, oggi rappresentano solo delle flebili tracce di un paesaggio che è divenuto latente, quasi invisibile, nascosto tra capannoni e parcheggi, celato dietro cancelli e muri di cinta. Il *viaggio alla ricerca dell'identità perduta* di questi luoghi è giunto alla sua conclusione, ha svelato finalmente quel è la natura di questo territorio: *l'acqua*.

Le acque delle innumerevoli sorgenti dell'*antica Acquili* scorrono tranquille ed indisturbate lungo una semplice canalina in pietra, tra l'indifferenza e l'ignavia dei tanti automobilisti che di lì passano quotidianamente. Queste acque purissime e trasparenti finiscono miseramente il loro tragitto in un tombino nei pressi della splendida chiesetta di S. Maria del Ponte alle pendici del colle di Roio. Il *silenzio e la tranquillità* dello scorrere delle acque perenni rappresenta il lato nascosto e dimenticato di questo territorio che in tempi molto lontani ospitava un *gigantesco lago*, le cui vestigia oggi sono rappresentate proprio da queste acque dimenticate.

Adesso ci aspetta l'ultima parte del viaggio, quella più difficile, quella dove la realtà lascia il posto alla fantasia e alla immaginazione. Chiudiamo gli occhi, allontaniamo da noi pregiudizi e certezze, abbandoniamoci alla leggenda e al mito e solo così l'invisibile tornerà ad essere visibile.

Questo sarà un viaggio che ci porterà fino *ai confini della realtà*.

CAPITOLO IV
AI CONFINI DELLA REALTA'

"Sembrava una leggenda incantata......non riuscivamo a pronunciar parola, a creder che fosse vero ciò che appariva alla vista"

Dalle "Memorie" di Bernal Dìaz del Castillo

ALL'INIZIO ERA SOLO ACQUA

La *Conca dell'Aquila* costituiva nel Pleistocene un bacino chiuso nella cerchia dei monti che si erano formati nelle ultime fasi dell'orogenesi alpina nel complesso della catena appenninica. Era caratterizzata perciò dalla presenza di *un grande lago* che andava, nel momento di massima estensione, da Cagnano Amiterno fino a Molina Aterno. Con la fine dell'era glaciale si è assistito al prosciugamento del lago, ma la zona è storicamente considerata *ricca d'acqua* come testimoniano i nomi della città dell'Aquila (da Acquilis) e le frazioni di Onna (da Unda, onda) e Bagno. La conca è oggi attraversata in tutta la sua lunghezza dal fiume Aterno, oltre che da numerose altre sorgenti e torrenti.

Immagine aerea che mostra parzialmente l'estensione dell'antico lago. Come si può notare la *città storica* di L'Aquila si trova proprio in posizione baricentrica rispetto all'omonima conca ed al contempo nel punto di massimo ristringimento della piana. Questa sua *posizione geografica* oltre ad essere spettacolare dal punto di vista paesaggistica è anche estremamente strategica.

Ai tempi dell'antico lago queste caratteristiche ambientali e geomorfologiche dovevano risultare ancora più evidenti, ed il colle di L'Aquila doveva apparire da lontano come una grande rupe a strapiombo sulle sottostanti tumultuose e fredde acque.

Veduta aerea panoramica verso est della conca aquilana, ai lati della piana alluvionale si possono osservare delle grandi formazioni calcaree.

Uno spettacolare lago doveva apparire alla vista, molto ampio e punteggiato da grandi formazioni rocciose, che oggi non sono altro che le cime delle alture presenti all'interno della grande piana che si apre alle spalle della città di L'Aquila, come ad esempio il Monte Cerro.

Tra i fumi delle nebbie che sempre avvolgevano quelle scure e gelide acque, comparivano improvvisamente imponenti e minacciosi monoliti calcarei. Agli occhi stanchi dei naviganti dovevano sembrare come dorsi di gigantesche testuggini marine, e nelle loro menti, ancora intorpidite dal buio e dal freddo, tornavano a riecheggiare antiche leggende su certe mostruose creature, che si diceva, abitassero in quei luoghi.

Veduta aerea panoramica da ovest della conca aquilana che si chiude nella stretta gola del fiume Aterno, formata dal colle di Roio ed il colle di L'Aquila.

Il lago preistorico si sviluppava in lunghezza per oltre 40 km, al suo centro sorgeva il colle di L'Aquila che formava con il prospicente colle di Roio una strettoia, che divideva di fatto il lago in due distinti bacini.

Quello verso est appariva molto ampio e punteggiato da picchi rocciosi, mentre il bacino verso ovest andava a dividersi in due grandi rami, che rendevano questa porzione di lago molto più aspra e frastagliata.

Al centro di questo bacino lacustre sorgeva una grande isola abitata da abili pescatori e laboriosi contadini. La sua forma era piuttosto oblunga ed irregolare, ad una prima parte alta e rocciosa ne seguiva un'altra bassa e pianeggiante, soggetta a frequenti inondazioni da parte delle acque del lago che ne rendevano la terra particolarmente fertile. Oggi quest'isola corrisponde alla collina dove sorge l'abitato della frazione di Coppito.

L'immagine mette in risalto la posizione leggermente elevata del centro storico di L'Aquila rispetto al territorio circostante. Se la città fosse stata realizzata quando ancora esisteva il *grande lago preistorico*, essa doveva apparire assai splendida agli occhi del viaggiatore che arrivava in barca dai confini del Ponente.

Dolcemente distesa su di un lieve pendio, le sue bellezze architettoniche si offrivano interamente allo sguardo del navigante. Era quasi interamente circondata dalle acque del lago tranne che per la parte che volgeva a tramontana lì dove si innalzano maestose, le sue invalicabili montagne, che la rendevano di fatto imprendibile.

Le sue imponenti mura in pietra la cingevano interamente e seguivano pazientemente tutto il perimetro della città in un continuo saliscendi, così che agli occhi stupiti degli stranieri la città appariva quasi fiabesca. Il suo porto era grande e sicuro, numerose navi provenienti dalle fredde regioni del Ponente vi approdavano giornalmente cariche di ogni genere di merci e vi si facevano buoni commerci. Continuando a navigare, sempre in direzione di levante, si finiva per cadere in una stretta gola, dove tra vortici impetuosi e violenti mulinelli ci si inabissava miseramente. Anche la città sembrava avvolgersi su se stessa e quasi andava a precipitare nell' orrida strettoia.

Per l'immaginario viaggiatore che arrivava in barca dai confini del Levante invece la visione era completamente diversa.

Una città turrita e fortificata le si parava dinnanzi, minacciosa e spavalda, posta su di un'alta rupe a strapiombo sulle sottostanti torbide e agitate acque. Sembrava come un feroce rapace, fermo, immobile, come se stesse in un'immutabile attesa, di quel fatidico momento in cui piombare sull'ignara preda.

La città appariva da lontano quasi nascosta, sopra un ameno colle, e come ci si avvicinava ad essa, profonde fenditure si aprivano improvvisamente nella roccia.

Guardando attraverso questi sinistri valloni si poteva scorgere su in alto la grandezza e la magnificenza di questa potente città.

Continuando a navigare sempre verso ponente il lago si andava stringendo sempre più, finchè non si entrava in uno stretto canale, dove le forti correnti contrarie rendevano quasi impossibile proseguire.

Dall'alto della rupe la città controllava meticolosamente tutti i flussi marittimi come una accorta sentinella e nessuna imbarcazione poteva proseguire oltre se non aveva pagato il pesante dazio alla sottostante implacabile dogana.

Queste *suggestive descrizioni* che sembrano uscire fuori dal tempo, *narrano* in realtà di luoghi veramente esistenti in questi territori.

Lo *scenario immaginifico* nel quale sono immersi, li rendono praticamente irriconoscibili rispetto a ciò che appare oggi.

Occorre ricordare al lettore che la *ricerca dell'invisibile* è nella fantasia.

UN CASTELLO TRA LE SORGENTI

Il castello che diede il nome alla città, per la presenza di numerose sorgenti, era chiamato *Santa Maria de Aquilis o de Acquilis*, successivamente divenuto Acculum, poi Accula e quindi Acquili, mantenendo sempre la caratteristica di diminutivo latino di aqua. L'assonanza lo fece paragonare al nome del rapace che figurava sulle insegne imperiali di Federico II e contribuì alla scelta di Aquila.

L'immagine mostra in primo piano il *borgo della Rivera*, uno dei più antichi del centro storico della città di L'Aquila, situato a ridosso del fiume Aterno e che corrisponde ad un *antico castello* denominato Acquili ricco di sorgenti.

Al suo interno si trova la famosa *fontana delle 99 cannelle*, costituita da novantatré mascheroni in pietra e sei cannelle singole, dalla maggior parte dei quali sgorga l'acqua. *Secondo la tradizione*, le cannelle rappresenterebbero i novantanove castelli che, nel XIII secolo, parteciparono alla fondazione dell'Aquila.

Fotografie della fontana dalle 99 cannelle, il più importante monumento artistico che rende finalmente omaggio alla grande protagonista di questa città: *l'acqua*.

Situata nella parte più bassa del centro storico, e precisamente nel borgo della Rivera, raccoglie nelle sue vasche le abbondanti acque provenienti dalle soprastanti sorgenti.

Percorrendo la ripida, antica strada che sale al colle su cui sorge la città, si raggiunge la chiesa e il monastero di S. Chiara.

La chiesa e il monastero *sorgono sul luogo* dell'antica S. Maria ad fontes de Acquilis consacrata dal vescovo di Forcona nel 1195.

Nell'immagine viene evidenziata *la strada* che va da porta Rivera, visibile a sinistra, alla chiesetta di S. Maria del Ponte, posta in basso a destra. Alle spalle di questa strada si trova un *ripido versante collinare* assai ricco di vegetazione, da cui zampillano le acque delle numerose sorgenti che hanno dato il nome alla città in epoca remota.

Fotografie che evidenziano come la presenza di *acqua sorgiva* sia costante lungo tutto il muro contro terra che fiancheggia la strada.

Alla base della parete si può notare una piccola canaletta in pietra che raccoglie e convoglia le preziose *acque perenni* verso un semplice ed anonimo tombino nei pressi della chiesetta di S. Maria del Ponte.

ACQUILIA

Acquilia è una città ideale, sorge sulla sommità di un'isola rocciosa posta al centro di un grande lago dalle fredde e scure acque chiamato Aterno.

Questo incipit potrebbe essere scambiato per l'inizio di un qualche romanzo utopico quale ad esempio "L'Utopia" di Thomas More oppure "La Città del Sole" di Tommaso Campanella.

Acquilia in verità non è nulla di tutto questo, è solo una *mera provocazione*, uno stimolo a voler vedere la realtà con occhi diversi rispetto a quelli della quotidianità, in altre parole rappresenta il *lato dimenticato e nascosto* della città di L'Aquila.

In questa immagine è raffigurata simbolicamente la *chiusura* della città moderna nei confronti delle sue *antiche acque*. Il forte segno territoriale dato dalla *curva dell'autostrada*, appare in quest'ottica come una gigantesca e mostruosa barriera difensiva.

Le *lingue verdi* che serpeggiano nel territorio, dimostrano invece come le acque riescano, malgrado l'ostacolo loro interposto, ad attraversare comunque la città.

Questa narrazione cerca di rappresentare visivamente il *dualismo* che affligge il territorio: da una parte le antiche acque che continuano a scorrere tra mille ostacoli e dall'altra l'odierna urbanizzazione diffusa che sembra non accorgersi di questa presenza millenaria.

In questa immagine aerea viene mostrato un luogo dal grande valore simbolico e spirituale per la città immaginaria di Acquilia: *la Prima Confluenza* tra il fiume Aterno ed il torrente Vetoio, che genera un sistema idrico complesso ed irripetibile.

Il *parcheggio vuoto e desolato* che si vede al centro dell'immagine, rappresenta una splendida occasione di riscatto e di rivincita per le acque sepolte, che in quel punto potrebbero tornare in superficie, occupando nuovamente l'intera area, sotto forma di *Lago*, restituendo così alla natura ciò che l'uomo le aveva precedentemente tolto.

Una distesa di acqua al posto di una distesa di asfalto, un'oasi di verde e di pace al servizio di una collettività che si è ritrovata in pochi anni a fare i conti con le realtà alienanti delle grandi periferie urbane.

In questa immagine viene mostrato un altro luogo di grande valore semantico per la città di Acquilia: *la Seconda Confluenza* tra il fiume Aterno ed il torrente Vetoio, individuabili facilmente dalle lunghe e sinuose lingue verdi.

Anche in questo caso l'area umida che avrebbe dovuto generarsi dall'incontro di questi due sistemi idrici è stata colpevolmente violata.

Questo luogo merita sicuramente di essere restituito alle sue antiche acque che da sempre gli appartengono, infatti tra il corso dell'Aterno e quello del Vetoio, potrebbe riemergere dal cemento, sotto forma di *Isola*, una nuova area verde attrezzata al servizio dei più piccoli.

Luoghi importanti e ricchi di significato vengono prima interdetti, dopo abbandonati all'incuria ed infine condannati all'oblio.

Storie di ordinaria usurpazione, dove i valori simbolici vengono sacrificati in nome dell'economia e del potere. C'è ancora tempo per cambiare, ma senza la consapevolezza delle cose tutto è inutile.

In questa immagine panoramica viene mostrata la *Perla Nascosta* di Acquilia: il Vetoio.

Il fiume, che nasce dallo splendido omonimo lago, attraversa per circa 3 km la confusa periferia ovest della città, prima di andare a confluire nel fiume Aterno.

La sua acqua è di un incredibile *blu zaffiro*, sempre limpida e trasparente, una risorsa idrica preziosa che deve essere assolutamente valorizzata e restituita interamente alla città.

Il Vetoio, *lo Zaffiro Blu* della città di L'Aquila, andrebbe riqualificato in tutta la sua lunghezza e restituito alle persone con le sue sponde accessibili, pulite ed attrezzate.

Occorre che diventi un valore culturale di riferimento per la popolazione aquilana come i *Navigli* lo sono diventati per la città di Milano.

Fotografie dello splendido *Lago del Vetoio*. Purtroppo ad oggi risulta essere ancora non fruibile liberamente dai residenti, tanti dei quali ne ignorano persino l'esistenza.

Questo *specchio d'acqua* dovrebbe essere strappato agli interessi privati e restituito interamente agli aquilani che hanno un disperato bisogno, oggi più che mai, di avere a disposizione *luoghi simbolici* intorno ai quali potersi stringere.

La strada per la ricerca dell'identità perduta inizia dalla riscoperta dei *luoghi semantici e simbolici* presenti nel proprio territorio.

Fotografie del fiume Vera. La sua acqua *cristallina* scorre sempre impetuosa grazie alle sue numerose sorgenti naturali.

Il *borgo antico* di Tempera viene condizionato e caratterizzato dal suo fiume, che ne disegna contorni e particolari. Il Vera, *il Diamante Pazzo* della città, con le sue acque sempre esuberanti e spumeggianti, attraversa a folle velocità *l'antica Intervera*, perdendosi e sempre ritrovandosi, in una moltitudine di canali che cercano di contenere il suo slancio vitale.

Questo luogo così suggestivo potrebbe divenire nell'immaginario cittadino una sorta di *Piccola Venezia* persa tra i monti, dove tra fumosi caffè letterari e circoli artistici d'avanguardia si respira ancora quella magica atmosfera *fin de siècle*.

Immagini fotografiche della strada dedicata al maestro *Tancredi de Pentima*, l'artefice della meravigliosa fontana delle 99 cannelle.

L'abbandono e la trascuratezza nella quale versa il terrapieno non aiuta certo a comprendere la reale *portata simbolica* che si cela in questo luogo.

Le sacre acque delle sorgenti dell'antico castello di Acquili *bagnano* ogni giorno le pareti di questo luogo così speciale, quasi si trattasse di un rito pagano con il quale si rinnova e si celebra il *miracolo della vita*.

Qui nasceva il nome, qui nasceva il mito, qui nasceva la città.

Questo è il *mondo di Acquilia* signori, un mondo dove tutto è possibile, dove sognare è ancora permesso e dove l'*immaginazione* è l'unico mezzo per poter viaggiare.

Nella città di ACQUILIA immagino che il Vetoio diventi un simbolo culturale come il naviglio lo è diventato per Milano, vedo la sua acqua blu trasformarsi in Bombay Sapphire tra sunset bar e locali chic alla moda che si susseguono lungo le sue sponde.

Nella città di ACQUILIA immagino che il desolato spiazzale Sandro Pertini, simbolo di quel L'Aquila statalista che fu, diventi un Grande Lago, per dar voce a quelle meravigliose sorgenti nascoste e per restituire l'onore al Vetoio, che in quel punto è stato vergognosamente tombato.

Nella città di ACQUILIA immagino che il borgo di Tempera, possa diventare il nuovo quartiere culturale ed artistico di L'Aquila, come una Piccola Venezia la vedo attraversata da canali e ponticelli, dove tra le nebbie che si alzano dalle gelide acque delle sorgenti del Vera si accendono le calde luci dei fumosi locali serali.

Nella città di ACQUILIA immagino che da spazi interdetti ed abbandonati, lì dove i fiumi Aterno e Vetoio si incontrano, possa nascere un'Isola Incantata, protetta da acque pure e trasparenti, dove tra giochi e meraviglie, fiabe e castelli, i bambini possono finalmente tornare ad essere bambini.

Nella città di ACQUILIA immagino che il Lago del Vetoio possa divenire il suo nuovo cuore blu, vedo la sua acqua increspata da canoe e barchette, vedo ragazzi stesi sulle sue sponde verdi, vedo famiglie felici sotto l'ombra dei suoi alberi, vedo finalmente una domenica diversa.

Nella città di ACQUILIA immagino che le sacre acque delle sorgenti dell'antico castello di Acquili, adesso murate e incanalate miseramente, possano divenire parte di una meravigliosa opera d'arte. Le vedo precipitare impetuose dall'alto della collina, scivolare giù, lungo la superficie di una sinuosa parete di marmo pentelico, scorrere in un grande ruscello gorgogliante per poi gettarsi, infine, esauste nel sottostante placido e tranquillo Aterno.

Nella città di ACQUILLA immagino che il grande vuoto incompreso ed incompiuto di Piazza d'Armi possa diventare il nuovo Down Town della città. Uno scintillante ed ultramoderno quartiere futuribile che si fronteggia all'orgoglioso e fiero centro storico, come in un estremo gesto di sfida tra epoche diverse. Vedo torri di vetro svettare altissime verso il cielo, vedo le montagne intorno riflettersi su di esse, vedo le acque bagnare i loro piedi, vedo un simbolo di rinascita e di progresso.

ACQUILLA esiste, ACQUILLA vive, evviva ACQUILLA.

CONCLUSIONI

Ogni viaggio alla fine finisce, e quando questo accade, immediatamente dopo, arriva il momento delle considerazioni e delle riflessioni. Questo lavoro fatto di *ricerca* e di *studio*, ma anche di *fantasia* ed *inventiva* ha voluto raccontare il territorio della città di L'Aquila a oltre sette anni dal terremoto del 2009.

Gli strumenti usati per raggiungere questo obiettivo sono stati molteplici: innanzitutto un linguaggio semplice ed immediato, fotografie ed immagini, alcune brevi citazioni letterarie, titoli di famosi film presi a prestito e rimontati diversamente, spaccati di quotidianità, cenni di lavori scientifici e altro ancora.

Ogni città ha sempre un suo *lato nascosto e dimenticato*, alle volte questo accade per il naturale oblio delle cose, in altri casi invece per una precisa volontà politica.

La città di L'Aquila non so a quale delle due fattispecie appartenga, ma di sicuro una *Acquilia* esiste anche qui. Una città sepolta sotto parcheggi deserti, nascosta dietro vecchi capannoni abbandonati, lontana dagli interessi delle persone, ormai invisibile agli occhi degli automobilisti frettolosi e distratti che l'attraversano ogni giorno senza accorgersi della sua *immanente* presenza.

In questo *racconto fotografico di viaggio* si è cercato di coniugare insieme realtà e fantasia, il risultato è la dimostrazione di come, attraverso l'immaginazione e la conoscenza, dei luoghi quotidiani possono essere trasformati in qualcosa di completamente diverso, dove la verità diventa leggenda e il mito si fa storia.

L'*invisibile* torna ad essere visibile con la luce della poesia e del sogno.
Voglio concludere così, con dei versi poetici, perché solo la sensibilità
e la profondità della poesia sono in grado di mostrare agli occhi ciò
che gli occhi non riescono più a vedere.

"*Bisogna che i monumenti cantino.*
È necessario che essi generino un vocabolario,
creino una relazione,
contribuiscano a creare una società civile.
La memoria storica,
infatti,
non è un fondo immobile in grado di comunicare comunque,
bisogna sapere come farla riaffiorare,
va continuamente rinarrata.
Anche perché se il patrimonio storico, culturale non entra in relazione con la gente,
declinando linguaggi diversi e parlando a tutti,
rischia di morire,
incapace di trasmettere senso e identità a una comunità."

Paul Valéry

RIFERIMENTI

Gino Delledonne, *"Riflessioni sulla valorizzazione del patrimonio storico, artistico, culturale ed ambientale"*, materiale didattico modulo "Turismo Culturale" Master M.E.M.A.T.I.C., 2016;

Gianni Celati, *"Verso la Foce"*, diario di viaggio, 1989;

Gianni Celati, *"Case sparse. Visioni di case che crollano"*, documentario, 2003;

Silvia Galeota, *"Strategie di sviluppo locale per l'area del cratere sismico aquilano"*, tesi Master UrbAM, 2016;

Francesco Rosi, *"Le mani sulla città"*, film, 1963;

Italo Calvino, *"Le città invisibili"*, romanzo, 1972;

Andrea Zanzotto, *"La Beltà"*, raccolta di poesie, 1968;

Paul Valery, *"Cahiers"*, diari postumi, 1970;

Bernal Dìaz del Castillo, *"La vera storia della conquista della Nuova Spagna"*, diario di guerra, postuma 1632;

Marco Polo, *"Il Milione"*, resoconto di viaggi, 1298;

Paolo Rumiz, *"La leggenda dei monti naviganti"*, racconto di viaggio, 2007;

Paolo Rumiz, *"Appia"*, racconto di viaggio, 2016;

Adalberto Vallega, *"Geografia culturale"*, testo universitario, 2006;